TOUTES LES EXCUSES
POUR NE PAS ALLER BOSSER

TOUTES
LES EXCUSES
POUR NE PAS ALLER BOSSER

Sophie Egly | Emmanuel Lehmann
Illustrations de Gabs

MARABOUT

Chapitre 1

Mes mésaventures avec ma voiture

BON ALORS VOILÀ : TU VAS ALLER AU BUREAU ET LEUR DIRE QUE T'AS PAS VOULU DÉMARRER, QUE C'EST L'ALLUMAGE, L'ÉLECTRONIQUE... ENFIN TU VAS BIEN TROUVER !!
GABS.

Le coup de la panne

Il est 8 h – voire bien plus car vous devez récupérer de votre folle soirée d'hier –, vous appelez Nadine, l'assistante de votre chef M. Seilliasses :

– Allô, Nadine ? Je suis encore chez moi, ma voiture ne démarre pas. Il n'y a pas de contact, rien ne s'allume… Je crois que c'est une panne de batterie ou un problème de bougies.

Les dépanneurs arrivent immédiatement… disent-ils…

Fréquence :

Maximum 2 fois par an

Durée du retard :

2 h – à utiliser le matin

Crédibilité :

* * * *

À savoir :

Si la panne a lieu sur une autoroute ou sur le périphérique parisien, vous devez utiliser les bornes d'appel d'urgence et ne pouvez donc pas choisir la société de dépannage. Si la panne se produit sur une route, on peut faire appel à sa société d'assistance qui envoie un dépanneur en 30 mn : il répare le véhicule sur place ou le conduit dans le garage le plus proche.

Prérequis :

Vous n'êtes jamais en panne d'inspiration car vous avez toujours sur votre table de chevet l'ouvrage *Toutes les excuses pour ne pas aller bosser.*

« Prière de ne pas stationner »

2 jours plus tard, encore en panne d'oreiller, vous appelez Nadine :

– Je ne suis pas encore parti de chez moi : il y a une voiture garée devant ma sortie de garage. Résultat : je ne peux pas sortir ma Berlingo. J'attends le propriétaire.

Vous revenez au bureau 1 h plus tard, l'air accablé, et racontez à Nadine :

– J'ai attendu 20 mn et puis j'ai appelé la fourrière. Heureusement ils ont déblayé la voiture vite fait...

Mais c'est incroyable ! De nos jours, on ne respecte plus son prochain ! Tu parles que la personne se doutait qu'elle allait foutre ma matinée en l'air...

Fréquence :

Maximum 2 fois par an

Durée du retard :

1 h – à utiliser le matin

Crédibilité :

***

À savoir :

Si vous n'avez pas de garage, dites qu'une voiture s'est garée en double file devant votre Berlingo.

Prérequis :

Vous étiez à la Journée nationale de la bonne conduite au volant. Vous en connaissez les 10 commandements par cœur. Commandement n°5 : « Ne pas stationner devant la sortie de garage de son prochain ou en double file devant sa voiture. »

Fourrière bien méritée

Votre collègue Vladimir décroche :

– Allô, Vlad ? Je me suis fait embarquer la voiture par les gardes rouges ! Non, j'rigole... par la fourrière.

En fait, hier soir, comme chaque soir, je ne trouvais pas de place pour me garer... J'ai fait 3 fois le tour de mon quartier et finalement j'ai craqué pour la place « handicapé » juste devant chez moi. Oui, j'ai honte !

En tout cas, je dois aller récupérer ma Berlingo à la fourrière, tout de suite.

Fréquence :

Maximum 1 fois par an

Durée du retard :

Jusqu'à une matinée

Crédibilité :

***

À savoir :

Le stationnement sur une voie de bus ou de taxis, sur un passage piétons ou une place réservée aux personnes handicapées vous coûte une contravention de 4e classe (entre 450 et 750 €) et une fourrière (126 € de frais de remorquage + 10 € de plus par jour de garde supplémentaire).

Un stationnement en double file, sur un emplacement « livraison » ou devant une entrée d'immeuble, c'est la fourrière + une contravention de 2e classe (de 38 à 150 €).

Prérequis :

Ne pas avoir un poster « Handicap international » sur son mur.

Pneus crevés

Vous êtes arrivé au bureau avec 2 h de retard et croisez Nadine à la photocopieuse :

– J'ai dû changer la roue de ma voiture avec un cric. Avec ma sciatique, c'était que du bonheur ! Je suis sûr que c'est un coup de ma voisine, elle est jalouse parce que Jean-Kevin a de meilleures notes que sa fille à l'école.

Fréquence :

Maximum 1 fois par an

Durée du retard :

1 h, à utiliser le matin

Crédibilité :

**

À savoir :

Vous pouvez aussi téléphoner à une dépanneuse, le prix pour un pneu crevé est de l'ordre de 25 €.

Prérequis :

Vantez régulièrement auprès de Nadine les résultats scolaires de votre fils.

Pare-brise brisé

Vous arrivez à 11 h au bureau et vous vous retrouvez nez à nez avec M. Seilliasses :

– Bonjour, patron ! Je reviens de chez Carglass...

– Pour leur vendre un de nos contrats, j'imagine...

– Eh bien, non ! Figurez-vous qu'hier soir, en rentrant chez moi, j'ai garé ma voiture à côté d'un échafaudage ! Et ce matin, je l'ai retrouvée avec le pare-brise explosé par un parpaing ! J'ai aussitôt filé chez Carglass... Heureusement, ils avaient mon modèle en stock. Ils m'ont fait mon remplacement en seulement 3 h !

Fréquence :

Maximum 1 fois par employeur

Durée du retard :

Jusqu'à une matinée

Crédibilité :

****

À savoir :

Si votre spécialiste n'a pas la pièce en stock, le remplacement se fait en 48 h environ. En cas d'éclat sur votre pare-brise, vous pouvez vous contenter d'une simple réparation.

Prérequis :

Pensez à enlever de votre pare-brise l'autocollant des Francofolies 1996.

Contrôle technique

Il est 15 h, vous vous rappelez soudainement que vous aviez planifié un rendez-vous avec votre garagiste pour votre contrôle technique. Eh oui, il faut faire contrôler la voiture avant qu'elle tombe en panne et vous empêche de venir travailler...

Le lendemain, vous dites à Nadine, la bouche en cœur :

– Flûte ! J'ai rendez-vous ce soir pour une contre-visite !

Fréquence :

Maximum 1 fois tous les 2 ans

Durée du retard :

1 h 30

Crédibilité :

***

À savoir :

Un véhicule doit être soumis au contrôle technique 4 ans après son achat, puis tous les 2 ans. À l'issue de la visite, il est établi un procès-verbal. Si tout est conforme, le contrôleur appose sur la carte grise un timbre portant la lettre A. S'il y a des défauts, c'est la lettre S qui est inscrite et une contre-visite doit être effectuée dans les 2 mois suivants, au risque d'une amende de 135 €, la rétention de votre carte grise et une mise en fourrière.

Prérequis :

Vous savez très bien faire les yeux de cocker battu, prendre un air désespéré, bref, attendrir Nadine.

Les papiers de ma voiture

Vous devez rendre des comptes à votre patron pour votre retard de ce matin :

– Ils sont incroyables, ces flics ! On les paie avec nos impôts pour démanteler des cartels de drogue et tout ce qu'ils font, c'est traquer les honnêtes citoyens ! Figurez-vous, monsieur Seilliasses, que j'ai été victime d'un contrôle de papiers ce matin et que je n'avais pas ma carte grise sur moi.

– Un manque de rigueur qui j'espère vous a servi de leçon !

Fréquence :

Maximum 1 fois par an

Durée du retard :

Maximum 1 h

Crédibilité :

**

À savoir :

Si vous ne pouvez présenter votre carte grise, vous devez payer immédiatement 11 € et présenter votre carte grise sous 5 jours ouvrables dans n'importe quel commissariat ou gendarmerie. Passé ces 5 jours, vous devez payer une amende de 90 €, majorée chaque jour suivant. Si vous n'avez pas votre certificat d'assurances, c'est la même procédure sans amende immédiate de 11 € à régler.

Prérequis :

En revanche, vous avez toujours un permis sur vous ou au moins un faux.

Témoin malgré lui

Vous avez malencontreusement manqué une réunion avec vos collègues. Vous allez voir Vladimir, feignant l'état de choc :

– J'ai assisté à un accident ce matin... Un carambolage entre une voiture et un motard. Le motard a fait un vol plané incroyable !

Tu sais, je ne pouvais pas partir comme ça. Je devais rester avec le blessé pour attendre les secours et témoigner auprès de la police contre le chauffard : il nie son implication et prétexte un refus de priorité. Il y en a vraiment qui racontent n'importe quoi pour se tirer d'affaire !

Fréquence :

Maximum 1 fois par employeur

Durée du retard :

1 h, à utiliser le matin

Crédibilité :

**

Prérequis :

Ne restez pas sur les lieux si vous êtes recherché par la police.

« Vandales, va-nu-pieds, Vercingétorix de carnaval, vermines, voleurs d'enfants !... »

M. Seilliasses, toujours à l'affût de la moindre improductivité de son personnel, ne manque pas de vous interpeller dans le couloir :

– Alors, cette grasse matinée vous a fait du bien ?

– Ce n'est pas ce que vous croyez. On a forcé toutes les serrures de ma voiture cette nuit. Impossible de l'ouvrir ! J'ai dû appeler le dépanneur.

En fait, j'ai croisé hier soir un groupe de jeunes qui semblaient fumer autre chose que du tabac à côté de mon immeuble. Je leur ai dit d'aller ailleurs et comme ils sont partis en parlant de ma mère, j'en déduis qu'ils l'ont mal pris...

Fréquence :

Maximum 1 fois par an

Durée du retard :

3 h

Crédibilité :

Pas si mal...

À savoir :

Ces vandales ont aussi pu crever les pneus de votre voiture, rayer la carrosserie, casser le pare-brise (cf. « Pare-brise brisé », p. 14). En tout cas, ne venez pas au travail en voiture pendant les 2 jours qui suivent, le temps de faire réparer tout ça. Si vous venez à vélo : ils ont pris votre selle ou voilé la roue.

Prérequis :

Habiter dans un quartier sensible, prôner jour après jour le respect qu'avait la jeunesse d'antan.

Chapitre 2

Les problèmes de santé

MAINTENANT SI VOUS PRÉFÉREZ AVOIR MA MORT SUR LA CONSCIENCE ET QUE JE CONTAMINE TOUT LE SERVICE, JE PEUX VENIR...
GABS.

Les luttes intestines

Votre radio réglée sur Santé FM vous réveille ce matin avec ces mots : « 10 à 20 % de la population souffre de troubles fonctionnels intestinaux. C'est la deuxième cause d'absence au travail, après le rhume. » Vous appelez immédiatement Nadine :

– Allô, Nadine ? J'ai une crise de colopathie fonctionnelle...

– Une quoi ? Mais ça sert à quoi ?

Vous lui répétez ce que vous venez d'entendre à la radio :

– Ce trouble est dû à une irritabilité du côlon et engendre des crises aiguës. Les douleurs au niveau de l'abdomen s'accompagnent de ballonnements, émission de gaz, mais aussi de troubles digestifs comme des diarrhées ou de la constipation ou les deux alternativement. Cela n'a rien de très grave mais c'est très douloureux.

Fréquence :

Maximum 1 fois par trimestre

Durée du retard :

1 à 4 jours

Crédibilité :

*****

À savoir :

Les femmes sont deux ou trois fois plus touchées que les hommes. Si vous n'avez vraiment aucune affinité avec vos collègues, vous pouvez aller jusqu'à leur décrire l'état de vos selles juste avant leur pause déjeuner.

Une excuse qui a de l'estomac

Hier, vous n'avez pu retenir vos flatulences au bureau, le lendemain, vous vous dites que c'est l'occasion rêvée de faire le coup de la gastro à Nadine :

– J'ai une gastro, je te raconte pas, tu vas aller déjeuner d'ici peu... mais je n'arrête pas de vomir, j'ai des diarrhées, des courbatures et des maux de tête... Je vais faire comme mon médecin m'a dit : prendre du paracétamol et boire 4 litres d'eau par jour.

– T'es sûr que tu ne veux pas venir quand même au bureau pour me la refiler ? J'ai 3 kilos en trop !

Fréquence :

Maximum 2 fois par an

Durée du retard :

1 à 2 journées

Crédibilité :

****

À savoir :

La gastro est une des meilleures excuses qui soit, et nous lui attribuons sans hésiter la palme de notre festival des excuses pour s'absenter : la plupart des gastro-entérites sont liées à une infection virale. Elles sont en général bénignes et guérissent spontanément en quelques jours. Donc, encore une fois, vous pouvez vous absenter sans justificatif médical ! La gastro vous prend par surprise et ceci à n'importe quel moment de l'année, été comme hiver.

Prérequis :

Veillez à manger des flageolets pendant les 2 jours qui précèdent votre absence.

Intox aux sushis

Vous êtes dans le métro, vous lisez dans la colonne « faits divers » le témoignage de Vanessa, 32 ans, Hauts-de-Seine :

« Je suis tombée sur une offre de *Maki c'est lui* : un plateau acheté = un plateau offert ! Je me suis décidée à lâcher pour une fois mon traiteur favori et j'ai passé commande. D'habitude j'adore les sushis, mais là, impossible de les finir... bizarre. J'ai mis ceux qui restaient au réfrigérateur, je les ai mangés 2 jours plus tard. Le lendemain, je me tordais de douleur. »

Un grand merci à Vanessa, votre nouvelle muse !

Fréquence :

Maximum 1 fois par an

Durée du retard :

1 journée

Crédibilité :

**

Prérequis :

Vous êtes dans l'air du temps, vous êtes un « sushi maniac ».

La rage de dents

– Ne m'attendez pas ce matin, je passe chez le dentiste avant de venir au bureau. J'ai eu une nuit atroce, c'est la première fois que j'ai une rage de dents aussi douloureuse !

En revenant au bureau, annoncez avec votre plus grand sourire :

– C'était une pulpite ! C'est-à-dire une carie très profonde qui a traversé trois tissus de la dent ! Le dentiste a désinfecté la plaie et mis un plombage en faux émail : on ne voit rien du tout !

Fréquence :

Maximum 1 fois par an

Durée du retard :

2 h

Crédibilité :

***

À savoir :

Une carie n'atteint que l'émail (1er tissu), une carie profonde creuse jusqu'à la dentite (2e tissu), enfin la rage de dents est déclenchée quand le 3e tissu, la pulpe, est à vif. Ouf ! Vous avez échappé de peu à l'abcès !...

Attention, ne vous risquez pas à dire que vous aviez un abcès car il entraîne un gonflement localisé du visage et une tétanisation des muscles limitant l'ouverture de la bouche. Difficile à feindre...

Prérequis :

Que vous ayez des dents pourries n'étonne plus personne. Au bureau, on vous surnomme « le bouc »...

Le mal de dos, le mal du siècle

– Mo', j'ai un lumbago, je ne peux pas conduire ma Berlingo ! Pour l'instant je reste sur un plan ferme sans oreiller, les jambes en demi-flexion et je carbure aux anti-inflammatoires.

Vous entendez Mo' dire :

– Mais comment tu t'es fait ça ? C'est au sport ou en jardinant ?

– Mais non, je suis allé chez l'ostéopathe hier pour mon genou et il a voulu faire du zèle en tripotant ma colonne vertébrale, cet imbécile !

Fréquence :

Maximum 1 fois par trimestre

Durée du retard :

La journée, voire plus

Crédibilité :

****

À savoir :

Plus de 80 % des Français souffrent ou souffriront du mal de dos durant leur vie, c'est le mal du siècle !

Le plus courant est le lumbago ou « tour de rein ». Un disque intervertébral s'est déplacé et a irrité des nerfs, provoquant d'atroces douleurs.

Prérequis :

Vous n'avez vraiment pas de chance, vous portez toute la misère du monde sur votre dos. On vous appelle Job au bureau.

Toujours pas vacciné contre les grasses matinées

– Quoi ? Tu n'as jamais fait de rappel DTP (Diphtérie, Tétanos, Poliomyélite) ? Mais Nadine, t'es complètement inconsciente ! Moi, mon carnet de santé, c'est mon livre de chevet !

Je vais chez le médecin demain matin avec les enfants pour mon rappel. Et je voudrais qu'il vaccine Péguy et Jean-Kevin contre la coqueluche et l'hépatite B. En plus, Jean-Kevin va en Asie cet été, alors il lui faut aussi une vaccination contre l'hépatite A, la typhoïde et la fièvre jaune. Par précaution, j'ai aussi acheté les vaccins contre la rage, l'encéphalite japonaise et la méningo-encéphalite à tiques...

– Pauv' chat ! Huit vaccins d'un coup...

Fréquence :

Maximum 1 fois par entreprise

Durée du retard :

Jusqu'à 1 matinée

Crédibilité :

***

À savoir :

Le schéma vaccinal de l'hépatite B : 2 injections à 30 jours minimum d'intervalle suivies d'une 3e injection entre 5 et 12 mois après la 2e injection. Fièvre jaune : une 1re injection au moins 10 jours avant le départ, puis renouveler le vaccin tous les 10 ans. Hépatite A : nécessite un rappel qui sera fait 6 à 12 mois après la 1re injection. L'immunité dure au minimum 10 ans.

Prérequis :

N'ayez quand même pas trop de seringues dans le tiroir de votre bureau, ça pourrait prêter à confusion.

« Urgences », saison 12, épisodes 9-13

Juste avant que Téléshopping commence, vous appelez Nadine.

– Tu sais où j'ai passé ma soirée d'hier ? Aux urgences de traumatologie... Je t'ai dit que depuis mon accident de ski à Courch', l'année dernière, j'ai une grosse fragilité au genou ?

Donc, normalement, j'y vais mollo au cours d'aérobic, au Club Bed Gym, mais hier soir, je me sentais en forme, j'ai pris trop confiance, j'avais envie de m'éclater...

– Et tu t'es éclaté...

Fréquence :

Maximum 1 fois par an

Durée du retard :

1 matinée

Crédibilité :

**

À savoir :

La douleur au genou peut être provoquée par une inflammation due à un étirement des ligaments : crème et arrêt du sport pendant 1 mois et en sus ordonnance pour six séances de kiné, à prendre quand vous voulez !

Prérequis :

Vous êtes un grand sportif, vous avez coutume d'accrocher votre flocon de ski sur votre costume.

Manque de peau

D'un air gêné, vous allez voir Vlad', surnommé « spotnik* », qui est très concerné par les problèmes de peau...

– J'ai pris rendez-vous mardi prochain à 10 h chez mon dermatologue. Il va m'enlever deux grains de beauté horribles dans le dos. Ça m'ennuie de devoir rater la réunion avec les commerciaux, mais il opère exclusivement le lundi matin.

* *Spot* veut dire « bouton » en anglais.

Fréquence :

Maximum 1 fois par an

Durée du retard :

2 h dans la journée

Crédibilité :

***

À savoir :

Habituellement, on découpe le grain de beauté avec un scalpel puis on suture, mais certains dermatologues préfèrent le brûler à l'azote liquide.

Prérequis :

Vous n'avez jamais vanné Vlad' sur ses problèmes de jeune.

Les infections barbares

Selon les statistiques, plus d'une femme sur deux est ou sera confrontée à des problèmes urinaires dans sa vie.

Ce matin, c'est sur vous que ça tombe : vous courez aux toilettes toutes les 3 mn, pour à peine trois gouttes, ça vous brûle, vous n'avez pas de fièvre mais d'horribles douleurs dans le bas-ventre. Vous ne pouvez vous rendre au bureau dans ces conditions.

Mais vous rassurez vos collègues. Votre cystite n'est pas grave, il vous faut juste boire énormément.

Fréquence :

Maximum 2 fois par an

Durée du retard :

De 1 à 3 journées

Crédibilité :

****

Prérequis :

Vous ne perdez jamais l'espoir de guérir, car vous savez que goutte après goutte, « les petits ruisseaux font les grandes rivières » (Ovide).

Vos autres spécialités

– J'ai rendez-vous chez l'ophtalmo : premiers signes de presbytie (pour les plus de 50 ans).

– Je passe chez l'opticien car j'ai cassé mes lunettes.

– Mon enfant est dyslexique, je l'emmène consulter Sophie Lebègue, orthophoniste.

– Je vais chez l'ORL : j'ai les oreilles bouchées, je n'entends rien en réunion.

– Je fais une psychanalyse depuis un an, j'arrive au bout du tunnel, j'entrevois la solution de tous mes problèmes.

Chapitre 3

Mes enfants, mes amis, mes amours, mes emmerdes

NON BARNABÉ !
MAMAN N'A PAS FAIT
UN GROS MENSONGE,
MAIS UNE PETITE EXCUSE
PROFESSIONNELLE !!!
GABS.

C'est la faute au bout d'chou

– Allô, César ? Péguy vient de vomir dans sa chambre, la pauvre ! Je vais devoir shampooiner la moquette et puis l'emmener chez le pédiatre, on a rendez-vous à 10 h.

Vous revenez au bureau encore plus tard que prévu : Péguy a vomi dans la voiture au retour...

– J'aurais dû prendre un sac plastique avec moi...

Fréquence :

Maximum 2 fois par an

Durée du retard :

1 matinée

Crédibilité :

**

Prérequis :

Pour ceux qui n'ont pas d'enfants, inventez-en un ! Il pourra toujours vous servir pour des excuses futures...

Les copains d'abord

– Je jouais au squash entre midi et deux et mon meilleur ami s'est fait une grosse entorse au genou, je l'ai accompagné à l'hôpital car il ne pouvait plus conduire. On lui a fait des radios et je l'ai ramené chez lui.

Fréquence :

Maximum 1 fois par employeur

Durée du retard :

1 h l'après-midi

Crédibilité :

**

Prérequis :

Avoir des amis ! Au moins un.

Le choc anaphylactique de ma copine

Un collègue de votre fiancée vient de vous téléphoner au bureau. Il vous appelait d'un restaurant pour vous apprendre que votre amie a fait un malaise.

Vous allez voir Nadine, d'un air paniqué :

– Personne ne sait à quoi son malaise est dû, mais une ambulance vient de l'emmener. Je préfère la rejoindre, je suis trop angoissé.

Le lendemain, pour rassurer Nadine, vous expliquez que c'était un choc anaphylactique c'est-à-dire une allergie grave. Eh oui, votre fiancée ne supporte pas le céleri...

Fréquence :

Maximum 1 fois par employeur

Durée du retard :

Jusqu'à 1 demi-journée

Crédibilité :

***

À savoir :

Certaines personnes peuvent être allergiques à tout type d'aliments : lait, arachides, œufs, poissons, crustacés, viandes, charcuterie, légumes, épices, fruits frais et secs, soja, blé...

Prérequis :

Si votre fiancée vient parfois déjeuner avec vous au restaurant d'entreprise, empêchez-la de se jeter sur le céleri rémoulade.

Mon grand-père et moi

Votre grand-père Raoul est tombé en sortant de la baignoire ce matin, il a glissé sur la savonnette.

C'est votre grand-mère Adélaïde qui vient de vous prévenir. Vous devez impérativement les rejoindre à l'hôpital pour les soutenir.

– À tous les coups, c'est le col du fémur, dites-vous à Nadine.

– Ma grand-mère se l'est cassé l'année dernière, elle s'était pris les pieds dans le tapis, réplique-t-elle.

– Classique, dit César, la mienne, c'était dans son caniche.

Fréquence :

Maximum 1 fois par an

Durée du retard :

1 demi-journée et plus si votre grand-père n'habite pas dans la région

Crédibilité :

**

Prérequis :

Grand-père Raoul et grand-mère Adélaïde, vous les adorez, vous ne les laissez jamais tomber.

Allô maman bobo

Il est 11 h, vous êtes au bureau.

– Le prof de sport de Jean-Kevin vient d'appeler : mon pauvre lapinou s'est foulé la cheville au foot. Je pars tout de suite à son école, il faut que je l'emmène aux urgences.

Le lendemain, vous racontez :

– On est resté 1 h en salle d'attente avant de pouvoir aller en radiologie et ensuite on a reattendu pour l'orthopédie. Il est bon pour 40 jours de plâtre.

Ça veut dire que je risque d'avoir un peu de retard ces prochains jours.

Je vais devoir l'amener à l'école le matin (à 9 h), le chercher à midi et le chercher le soir pendant 4 semaines !

Fréquence :

Maximum 1 fois par an

Durée du retard :

Plusieurs absences au milieu de la journée

Crédibilité :

**

Prérequis :

Votre enfant n'est pas cul-de-jatte.

30 millions d'amis

Vous savez que Nadine adore les bêtes, alors à vous de jouer :

– Mon chien Mistake a fait pipi partout dans la maison : j'en ai pour 1 h à tout nettoyer !

– Moïse, mon poisson rouge, est mort cette nuit, j'ai besoin de me recueillir quelques instants.

– Mon cochon d'Inde a une vilaine toux, je l'emmène chez le véto.

Fréquence :

Maximum 1 fois par employeur

Durée du retard :

De 1 à 2 h

Crédibilité :

**

Prérequis :

Depuis 5 ans, vous caressez Nadine dans le sens du poil, et Dieu sait qu'elle en a !

Enterrement bien mérité...

Une personne proche – bon, pas trop proche non plus, comme un cousin éloigné – vient de décéder...

– Quel ingrat, il ne m'a rien légué ! Mais je ne suis pas rancunier, alors demain je prends le premier train pour Châteauroux afin d'assister à son enterrement. En tout cas, je t'assure que c'est un événement douloureux auquel je dois faire face.

Fréquence :

Maximum 1 fois par an

Durée du retard :

Si l'enterrement se fait dans la ville de naissance du défunt, une journée complète sera nécessaire...

Crédibilité :

***

À savoir :

C'est un peu « pushy », pour assumer, pensez très fort à quelqu'un que vous ne connaissez pas.

Prérequis :

Vous êtes très émotif, vous ne parlerez pas de la cérémonie à votre retour.

Chapitre 4

Les clés des champs

Je suis dehors et mes clés dans la cuisine

– Je me suis réveillé un peu trop tard ce matin alors je suis parti en trombe. J'ai bien pris mon téléphone, mes dossiers, mon portefeuille ; j'ai bien claqué la porte derrière moi, et c'est pile à ce moment que je me suis aperçu que j'avais oublié les clés sur la table de la cuisine.

Là, je t'appelle de la boutique du serrurier, on va monter ensemble chez moi pour qu'il me rouvre la porte. Ça ne devrait pas être trop long, mais je ne pourrai pas assister à la réunion sur les objectifs du 2e semestre. Tu préviens M. Seilliasses ?

Fréquence :

Maximum 1 fois par an

Durée du retard :

1 h le matin ou le soir

Crédibilité :

***

À savoir :

Vous pouvez aussi attendre votre concierge devant sa loge ou bien aller chez votre propriétaire : normalement ils ont un double de vos clés.

Prérequis :

Ayez un gros stock de porte-clés à la maison car quelque chose vous dit que vous allez perdre vos clés souvent...

SMS (Serrure Maudite Serrure)

Vous envoyez un SMS à Nadine :

« ce mat1 super préC, geste brusC, ai KC clé dan serur – aten serurié pour répar bordel – retar ! »

Fréquence :

Maximum 1 fois par an

Durée du retard :

1 demi-journée

Crédibilité :

***

Prérequis :

Abité vieil imeble avec porte pouri, avoir geste brusC, é avoir KC telemen 2 chose o buro.

Clés-ptomane

– C'est la cata ! On m'a volé mon sac ! Je viens juste de téléphoner à ma banque pour faire opposition, mais les voleurs ont aussi mes clés et mes papiers. Autrement dit, ils ont mon adresse ! Je n'ai pas le choix, je rentre immédiatement chez moi pour faire changer la serrure avant de me faire cambrioler. Pourvu qu'ils ne soient pas déjà là !

Fréquence :

Maximum 1 fois par employeur

Durée du retard :

Permet de partir BEAUCOUP plus tôt

Crédibilité :

**

Prérequis :

Pour ne pas vous faire prendre la main dans le sac que vous vous êtes fait voler, profitez-en pour vous acheter enfin le sac de vos rêves !

Le 2e Maître des Clés

– Mon colocataire Charles a pris accidentellement mes clés en plus des siennes ce matin, il vient de s'en apercevoir, ce crétin ! Et il part en week-end dans 45 mn. Bon, je vais tout de suite à la gare récupérer mes clés et lui dire qu'il est un énorme boulet !

Fréquence :

Maximum 1 fois par an

Durée du retard :

Permet de partir plus tôt le soir

Crédibilité :

*

À savoir :

Charles peut aussi être le prénom de votre petit copain, d'un vieux pote qui squatte chez vous pour les vacances, ou encore celui de votre chien qui les a avalées.

Prérequis :

Au bureau, vous avez fait une réputation de charlot à Charles.

Poches trouées, excuse toute trouvée !

Juste avant votre entretien d'évaluation avec votre patron, vous mettez vos mains dans vos poches... mais zut ! Où sont donc vos clés ?

– Monsieur Seilliasses, je suis désolé, je crois que j'ai perdu mes clés. Je suis très embêté, mais il faut absolument que je les retrouve... À tous les coups, c'est arrivé ce matin dans les transports ou à midi au restaurant quand j'ai sorti mon portefeuille ; elles ont dû glisser de mon sac. Je file vérifier au restau, excusez-moi encore !

Fréquence :

Maximum 1 fois par an

Durée du retard :

Permet de partir plus tôt le soir

Crédibilité :

*

Prérequis :

L'audace est la clé de voûte de cette excuse !

Chapitre 5

« Home sweet home »

J'AI DÛ ATTENDRE LE PLOMBIER...
TOUTE LA JOURNÉE ?
OUI, IL VIENT DE LOIN : C'EST UN PLOMBIER POLONAIS !!!
URGENT
GABS.

Journée court-circuitée

Vous sentez qu'aujourd'hui, si vous allez au bureau, vous allez péter les plombs :

– Nadine, je vais avoir du retard. Hier soir, les commutateurs de la cuisine et de la salle de bains ont sauté ! L'électricien se pointe entre 8 h et 13 h. Tu te rends compte ? Ces gens-là nous bloquent une matinée entière !

Fréquence :

Maximum 1 fois par an

Durée du retard :

Jusqu'à 1 demi-journée

Crédibilité :

**

Prérequis :

Êtes-vous sûr d'avoir payé votre facture EDF ?

Travaux forcés

– Je refais mon appartement. Normalement les travaux vont durer 2 semaines. Ça va pas mal bouleverser mon emploi du temps : il faudra accueillir les ouvriers le matin, rentrer certains soirs plus tôt pour vérifier les travaux, et enfin j'aurai 2 rendez-vous de chantier.

Fréquence :

Maximum 1 fois par an

Durée du retard :

Plusieurs demi-journées, et le risque d'arriver en retard le matin...

Crédibilité :

***

Prérequis :

Vous n'invitez jamais vos collègues dans votre appart' en ruine non conforme aux normes de sécurité.

Excuse toute livrée

– Demain matin, je serai en retard, je dois attendre Darty ; ils me livrent ma nouvelle machine à laver entre 8 h et 10 h.

Je voulais qu'ils me la livrent samedi, mais leur agenda des livraisons était plein ! Et ma vieille machine qui est cassée ! Et le linge qui s'entasse ! !

Fréquence :

Maximum 1 fois par an

Durée du retard :

Jusqu'à 1 demi-journée

Crédibilité :

**

À savoir :

L'ajout d'un nouvel appareil nécessite souvent l'installation d'une prise avec une puissance et un ampérage adéquats et des plombs supplémentaires dans le compteur.

Prérequis :

Vous clamez haut et fort que votre machine a rendu l'âme et portez pendant 3 jours la même chemise avec une grosse tache de sauce béarnaise et une belle odeur de friture.

Sur le carreau

– Hier soir, on a fait une grosse friture de sardines à la maison, tu imagines l'odeur ? J'ai dû ouvrir la fenêtre de la cuisine. Comme celle de la salle de bains était aussi ouverte, cela a créé un gros courant d'air : la fenêtre de la cuisine a cogné très fort contre le mur... et clac ! un carreau a éclaté.

Et tu sais, comme je suis au rez-de-chaussée, pour des raisons de sécurité, je dois faire remplacer le carreau tout de suite !

Fréquence :

1 fois tous les 5 ans / 1 fois par employeur

Durée du retard :

Jusqu'à 2 h

Crédibilité :

**

À savoir :

Si vous n'habitez pas au rez-de-chaussée, un autre motif d'urgence peut être le froid : en plein mois de janvier, il fait – 5° C dehors.

Prérequis :

C'est vrai que vous sentez souvent la graille.

Fuite d'eau... fuite du bureau

Voici le scénario :

À 8 h 30 ce matin, vous avez mis en marche la machine à laver la vaisselle. Vous êtes ensuite parti au travail et, à midi, vous avez reçu un coup de téléphone de votre propriétaire, d'un voisin ou de la concierge de nature à vous alarmer : « Votre appartement est inondé et est en train d'inonder l'appartement de votre voisin du dessous ! » Vous rentrez précipitamment chez vous. Sur place, vous trouvez les pompiers. Vous leur ouvrez la porte et ils entreprennent immédiatement le pompage de l'eau...

Tout ça à cause du vieux tuyau d'arrivée d'eau de la machine à laver qui était percé !

Fréquence :

1 fois tous les 5 ans / 1 fois par employeur

Durée du retard :

1 après-midi

Crédibilité :

***

À savoir :

Une fuite peut également être due à l'usure du joint d'une canalisation ou à un tuyau cassé. Vous pouvez aussi prendre rendez-vous pour un écoulement bouché (toilettes, évier, lavabo...).

Prérequis :

Évitez cette excuse si vous avez eu recours à notre « Excuse toute livrée », p. 72. Nous vous rappelons que vous êtes censé avoir une machine entièrement neuve.

L'alarme à l'œil

Vous avez récemment installé une alarme chez vous qui, en se déclenchant, fait sonner votre portable :

– Mon alarme m'appelle ! Quelqu'un essaie de rentrer chez moi ! On me cambriole ! ! J'y vais tout de suite. S'il y a eu effraction, j'appelle les gendarmes. Ça risque d'être long…

Fréquence :

1 fois par appartement et par employeur

Durée du retard :

Jusqu'à 1 demi-journée

Crédibilité :

***

À savoir :

Vous pouvez aussi connecter l'alarme à une entreprise de surveillance ou encore louer un package alarme + entreprise de surveillance.

Prérequis :

N'oubliez pas de cambrioler Nadine pour la sensibiliser à votre excuse.

OTIS waiting !

– Je suis resté bloqué dans l'ascenseur entre deux étages ce matin. Quelle angoisse, j'ai frôlé la crise de claustrophobie ! Bien sûr, il y avait un téléphone à l'intérieur mais OTIS a mis 30 mn pour arriver...

Fréquence :

Maximum 1 fois par an

Durée du retard :

1 heure le matin

Crédibilité :

**

Prérequis :

Habiter plus haut ou plus bas que le rez-de-chaussée.

En vrac dans la maison

– J'ai ma livraison de fuel demain matin ! Chaque année, la société pétrolière vient remplir la cuve de la maison. Cela ne prend qu'une vingtaine de minutes à moins que le camion soit en retard...

– Je fais remplacer la chaudière. Je vais avoir une chaudière à combustion dernier cri !

– France Télécom doit venir m'installer une ligne de téléphone. J'ai rendez-vous à 10 h. S'ils ont du retard, c'est décidé, je prends Télé 2 comme opérateur !

Chapitre 6

Le parcours du combattant

TRAVAUX DEVIATION
RETOURNE TE COUCHER
RENTRE CHEZ TOI
ON NE ME CROIRA JAMAIS...
GABS.

Pétage de plombs

– Les plombs ont dû sauter cette nuit, provoquant sans que je m'en aperçoive une panne d'électricité dans la maison. Non seulement mon radio-réveil (à prise) n'a pas sonné ce matin, mais en plus le givre du congélateur a fondu et a inondé le frigo. Bon, je passe un coup de serpillière, je change les plombs, et j'arrive !

Fréquence :

Maximum 1 fois par an

Durée du retard :

Jusqu'à 2 h le matin

Crédibilité :

****

Prérequis :

Comme quoi, ça n'arrive pas qu'aux autres.

Et j'entends siffler le train

Vous allez voir César avec qui vous avez un ticket de 3 wagons de long :

– J'ai loupé mon train de banlieue. Mais c'est pas ma faute ! Ça fait 10 ans qu'il part chaque matin du quai n° 2, alors je ne regarde plus le panneau des départs...

Et, ce matin, il est parti sans moi du quai n° 6...

Fréquence :

Maximum 1 fois par mois

Durée du retard :

30 mn

Crédibilité :

**

Prérequis :

Habitez-vous réellement en banlieue ?

Métro, c'est trop !

Vous arrivez au bureau et vous interpellez vos collègues pour organiser un quiz spécial panne de métro :

– Question : je suis resté bloqué entre deux stations pendant 15 mn, pourquoi ?

– Panne d'électricité, lance Nadine, ou... rail cassé !

– Un problème d'aiguillage ! suggère César.

– Un suicide sur la voie... une femme en train d'accoucher... un voyageur qui a fait un malaise ! dit Vladimir.

– Eh non, les gars ! La bonne réponse était le colis suspect sur le quai ! Vous l'avez oublié, celui-là !

Fréquence :

1 fois par mois

Durée du retard :

Jusqu'à 1 h

Crédibilité :

***

À savoir :

Cette excuse fonctionne aussi pour les villes qui ont le tramway.

Prérequis :

Vos collègues sont très coopératifs et s'amusent pour un rien !

Mon sac s'est fait la malle

– J'ai oublié mon sac de sport dans le bus ! Je vais essayer de contacter la RATP afin qu'ils préviennent immédiatement le chauffeur.

Une heure plus tard, vous racontez qu'ils viennent de vous rappeler : ils ont retrouvé votre sac et vous devez aller le récupérer avant votre cours de sport.

Fréquence :

Maximum 1 fois par an

Durée du retard :

Jusqu'à 1 h

Crédibilité :

*

Prérequis :

Vous êtes déjà venu au bureau avec votre sac de sport et même une fois en combinaison de cycliste.

Licenciez Bison futé !

– Bon, les gars, on va refaire un quiz parce que, la dernière fois, vous n'étiez pas brillants ! Alors, question : je suis resté bloqué dans la rue Farniente une bonne demi-heure, pourquoi ?

– Une livraison qui n'en finissait pas ?

– Un accident de voiture ?

– Des travaux qui viennent de commencer ?

– Encore perdu, les gars ! C'était un camion de déménagement qui bloquait la circulation !

Fréquence :

1 fois par trimestre suivant la ville

Durée du retard :

1 h

Crédibilité :

***

Prérequis :

De vrais enfants, vos collègues…

Autres oublis de parcours

Ce que vous êtes tête en l'air ! Combien de fois avez-vous dû faire demi-tour alors que vous étiez presque arrivé au bureau ?

– Vous avez oublié de brancher l'alarme ou de fermer la maison.

– Vous avez eu vos règles dans votre pantalon blanc ou filé votre bas sur le trajet…

– Sinon, vous oubliez régulièrement votre téléphone, votre ordinateur portable ou bien la clé USB où vous avez enregistré tous vos dossiers la veille…

Fréquence :

Maximum 1 fois par an

Durée du retard :

Jusqu'à 2 h

Crédibilité :

**

Prérequis :

Votre caractère tête en l'air est devenu mythique et fait la joie de vos collègues : vous venez le matin avec des traces de dentifrice sur la joue, en sandales les jours de pluie et oubliez régulièrement de tirer la chasse d'eau derrière vous.

Street fighter I

– Un pickpocket m'a volé mon portefeuille. J'ai essayé de le rattraper. Mais avec mes chaussures en faux croco je n'étais pas très efficace, alors je suis allé au commissariat le plus proche pour déposer une plainte. J'espère qu'ils seront punis ! Les méchants !

Street fighter II

– Un contrôleur s'est fait agresser dans le bus. Avec un autre passager, nous avons voulu nous interposer, mais l'agresseur a sorti un couteau. Il a crié au chauffeur d'arrêter le bus et d'ouvrir les portières et il est parti en courant.

Je suis allé témoigner au commissariat avec le contrôleur. Je n'ai fait que mon devoir...

Fréquence :

Maximum 1 fois par employeur

Durée du retard :

Jusqu'à 2 h

Crédibilité :

**

À savoir :

Nous vous conseillons aussi Mortal Kombat : très bon jeu, très philosophique !

Prérequis :

Vous êtes entraîné, vous avez été mercenaire pour un chef d'État africain.

Chapitre 7
Des rendez-vous incontournables

DEMAIN JE SERAI EN RETARD. JE DOIS ALLER À LA POSTE RETIRER UN RECOMMANDÉ TRÈS, TRÈS, TRÈS IMPORTANT !
JE SAIS. C'EST VOTRE LETTRE DE MISE À PIED
GABS.

Prêt à tout

Vous êtes un passionné du prêt bancaire... Entre le prêt immobilier, le prêt auto, le prêt pour le financement des études de vos enfants ou des travaux de votre cuisine, vous êtes malheureusement plus souvent amené à voir votre banquier que votre patron.

Fréquence :

1 fois par an

Durée du retard :

Jusqu'à 2 h

Crédibilité :

***

Prérequis :

Certaines banques peuvent être ouvertes le samedi, mais, bien entendu, la vôtre n'offre pas ce service !

Préfecture, sinécure

– Je t'appelle de la préfecture. Je suis dans le hall d'attente pour refaire mon permis de conduire. Je t'avais dit que je l'avais perdu ?

Manque de pot, j'ai tiré le ticket n° 547, alors ça risque de prendre un peu de temps...

Fréquence :

Maximum 1 fois par an

Durée du retard :

Jusqu'à 2 h

Crédibilité :

***

À savoir :

Vous pouvez aussi aller refaire votre carte d'identité (validité de 10 ans) ou votre passeport (validité de 5 ans).

Prérequis :

Rapportez comme preuve le ticket d'attente du stand poissonnerie de votre supermarché.

Les soirées de l'ambassadeur

– Avec Gérard, on a décidé de partir à Moscou aux prochaines vacances ! C'est pour fêter nos 5 ans de mariage, il m'avait demandé ma main sur la place Rouge !

Ce soir, je partirai plus tôt pour passer à l'ambassade chercher nos visas.

Fréquence :

Maximum 1 fois par an

Durée du retard :

Jusqu'à 2 h

Crédibilité :

****

À savoir :

D'autres pays nécessitent un visa d'entrée : Cambodge, Indonésie, Chine, Bangladesh, Mali, Népal, Mongolie, Laos, Nigeria.

Prérequis :

Pendant les vacances, évitez de croiser vos collègues aux Sables d'Olonnes alors qu'ils vous croient en Russie.

L'avocat du (petit) diable

– Je suis en procès avec mon voisin du dessus dont le fils a monté un groupe de rock alternatif et qui refuse d'isoler son appartement.

J'ai engagé une procédure pour trouble de voisinage. Demain, un expert vient faire un relevé de décibels en présence d'un huissier vers 17 h, c'est l'heure à laquelle le gamin se prend pour un grand musicien.

Fréquence :

Au moins 1 fois par employeur

Durée du retard :

Jusqu'à plusieurs heures, et à plusieurs reprises

Crédibilité :

***

Prérequis :

Ne jouez pas au troubadour devant votre patron le jour de la fête de la Musique.

L'inventaire inventé

– Ma grand-tante vient de décéder, la pauvre. Mes cousins et moi devons nous partager ses biens et, pour que ce soit équitable, nous allons faire un inventaire précis avec un commissaire-priseur. Je les rejoins en fin d'après-midi.

Fréquence :

Maximum 1 fois par employeur

Durée du retard :

Partir 1 h plus tôt du bureau

Crédibilité :

***

Prérequis :

Cette excuse permet d'enchaîner avec notre excuse « Enterrement bien mérité », p. 56.

Chapitre 8

Abonnez-vous !

ATTENTION ! Ne pas s'aventurer dans quelque chose que l'on ne peut pas assumer…

J'AI RENCONTRÉ EMMANUELLE BÉART À UNE MANIF POUR LES SANS-PAPIER...
GABS.

Ret'Art

– J'ai retrouvé un vieux tableau crasseux dans le grenier de mes grands-parents pendant les vacances. Je me demande si sous la crasse il n'y a pas un chef-d'œuvre d'un peintre célèbre. En tout cas, j'ai rendez-vous avec le restaurateur demain matin.

Il peut y avoir plusieurs autres rendez-vous chez ce restaurateur, puis des rendez-vous avec des spécialistes pour analyser l'origine du tableau et sa valeur…

Fréquence :

Maximum 1 fois par employeur

Durée du retard :

De temps en temps, partir plus tôt le soir ou étendre sa pause déjeuner

Crédibilité :

***

Prérequis :

Non, Picasso n'est pas un peintre de la Renaissance.

Cours du soir, bonsoir !

Vous tenez à approfondir certaines disciplines que vous jugez importantes pour la réalisation de votre Moi.

Des cours de latin pour mieux percer le secret de notre civilisation, mais aussi des cours d'informatique comme des formations PowerPoint ou Photoshop et puis des cours de langue pour être un vrai citoyen du monde.

Fréquence :

1 fois par semaine pendant la période scolaire (octobre à juin en tenant compte des vacances)

Durée du retard :

Permet de partir 1 h en avance le soir de votre cours

Crédibilité :

***

À savoir :

Les mairies, centres culturels, associations ou professeurs privés dispensent de tels cours.

Prérequis :

Apprenez à la fin de vos guides touristiques quelques expressions clés comme « *il conto per favore* » ou « *Ich bin ein Berliner !* »

I am an artist

– J'ai une répétition avec ma chorale. Je suis le joueur de pipeau.

– J'ai encore rendez-vous avec mon éditeur. Non... je ne peux pas te dire qui je suis, j'écris sous un pseudo.

– J'ai mon cours de peinture sur tasse.

– Je suis éclairagiste bénévole dans la série de J. Marzouk, réalisateur iconoclaste de l'américanisme à la française.

Fréquence :

Maximum 1 fois par employeur

Durée du retard :

Partir en avance le soir

Crédibilité :

***

Prérequis :

Aimer la musique et l'art... Et n'oubliez pas de mentionner à votre employeur que votre chanteur préféré est Beethoven.

– Je fais de la danse ouzbek chaque mardi soir à 17 h à l'autre bout de la ville.

– Avec mon club des Chiffres et des Lettres, on fait pas mal de tournois en province. La semaine prochaine, on affronte le club de Saint-Dié-des-Vosges et la semaine suivante on va assister à l'enregistrement de l'émission.

Fréquence :

Maximum 1 fois par trimestre

Durée du retard :

Partir le soir 1 h en avance

Crédibilité :

***

Prérequis :

Proposez régulièrement des petites parties de scrabble à Nadine.

Cycle de conférences

Féru de culture, vous vous êtes laissé tenter par la découverte et l'exploration du monde de nos amies les bêtes.

Votre prochaine conférence porte sur l'analyse des différentes castes au sein des populations d'oursins du golfe du Soudan.

Fréquence :

1 fois par mois

Durée du retard :

Partir plus tôt le soir

Crédibilité :

***

Prérequis :

Aucun de vos collègues n'arrive à rivaliser avec votre niveau de connaissances. Vous êtes une encyclopédie vivante.

Vos autres cartes de fidélité

– L'auto-école : cela fait 3 mois que vous suivez des cours. Vous avez déjà raté une fois le permis, car vous avez écrasé une cigogne au dernier examen… mais vous sentez que cette fois-ci sera la bonne !

– Le kiné : vous faites une rééducation du genou ou vous avez une scoliose. D'ailleurs vous boitez en ce moment, ce qui vous met en retard le matin.

– Le dentiste : vous avez décidé de consulter un spécialiste pour votre problème d'haleine. Vous avez fini par comprendre pourquoi vos collègues vous parlaient en détournant la tête.

Chapitre 9

Plus c'est gros...

ALORS ? CETTE FOIS-CI, VOUS AVEZ ÉTÉ ENLEVÉ PAR DES EXTRATERRESTRES ?
COMMENT AVEZ-VOUS DEVINÉ ?
13H05
GABS.

Mes copains les animaux

« En tant que sympathisant des animaux, je m'insurge contre les traitements abominables que subissent certaines créatures.

Il y a les rats génétiquement modifiés dans les laboratoires... les oies gavées, et toutes ces crèmes anti-âge essayées sur les animaux !

Aujourd'hui, je veux crier stop ! Et pour mieux faire entendre ma révolte, j'ai décidé de ne pas aller travailler. »

Si votre patron ne comprend pas votre réaction, traitez-le d'inhumain et de sauvage devant tout le personnel.

Fréquence :

Maximum 1 fois par an

Durée du retard :

Le temps que le monde redevienne humain

Crédibilité :

...

Prérequis :

Évitez de mettre de la fourrure ou du cuir pour aller travailler.

Bande de polluards

Le monde va mal, la nature souffre.

Chaque année, les glaces de l'Arctique fondent. Des banquises de plusieurs dizaines de kilomètres se fissurent et des blocs de glace s'en détachent.

Chaque année, les catastrophes naturelles sont plus nombreuses. À quand le cyclone Jessica en Alsace ?

Mais rien n'y fait, les entreprises continuent de polluer, augmentant l'effet de serre qui contribue largement au réchauffement de la planète.

Vous refusez de cautionner un tel scandale.

Aujourd'hui, vous décidez de ne plus polluer, c'est-à-dire de ne plus consommer d'énergie. Vous ne prenez plus les transports, vous n'allumez plus les ordinateurs, vous débranchez votre réveil… et bien entendu vous ne vous réveillez pas !

Fréquence :

Après chaque tempête

Durée du retard :

Jusqu'au rétablissement d'un écosystème sain

Crédibilité :

...

Prérequis :

Vous emportez votre propre papier hygiénique recyclé au travail.

L'éphéméride

Pensez à consulter l'éphéméride du jour... on tombe très souvent sur une date de décès d'une personnalité.

Bien entendu, vous admirez cette personnalité qui représente un père/une mère pour vous. C'est pourquoi vous lui vouez un culte (photo imprimée sur votre pyjama).

Cette journée a pour vous un caractère exceptionnel qui exige un certain recueillement.

Vous avez décidé de jeûner et de ne pas aller travailler.

Fréquence :

1 fois par an et par idole

Durée du retard :

24 h

Crédibilité :

...

Prérequis :

N'hésitez pas à citer votre idole en réunion.

VIe République

Marre de ces politiciens démagogues ! Marre des promesses non tenues !

Vous tenez en faible estime vos hommes politiques. Vous ne croyez plus en vos représentants, orateurs habiles mais fieffés menteurs.

Aujourd'hui, il est temps que le peuple retrouve la parole, que la démocratie renaisse.

Aux armes, citoyens, formez vos bataillons !

Fréquence :

1 fois par gouvernement jusqu'à renversement

Durée du retard :

1 journée, voire plus en cas d'anarchie

Crédibilité :

***

Prérequis :

Allez-y à plusieurs.

Le mauvais karma de votre supérieur

Vous êtes hindouiste ou bouddhiste.

Vous avez une foi profonde en la loi du karma et vous percevez beaucoup mieux que les autres les vibrations que chacun émet.

Vous constatez depuis un certain temps que votre chef émet sur vous de très mauvaises ondes qui interfèrent négativement avec votre karma. Vous devez réagir au plus vite afin de rompre ce cycle malsain.

C'est pourquoi vous allez voir votre médecin du travail afin de vous faire prescrire un congé karmatique.

Fréquence :

Dépend de la maîtrise des ondes dégagées par son supérieur

Durée du retard :

Le temps de se ressourcer

Crédibilité :

...

À savoir :

Vous pouvez profiter de votre calvitie pour mieux imiter le moine bouddhiste.

Disparition

Vos parents se sont rencontrés le jour du crash à Roswell et votre mère a accouché à leur club d'ufologie.

Voilà 10 ans que vous attendiez ce moment et, ça y est, vous avez enfin rendez-vous avec ces êtres venus d'ailleurs au Puy-de-Lassolas, à 5 h 47, ce samedi.

Vous êtes invité à leur tenir compagnie jusqu'à mardi prochain.

Fréquence :

Maximum 1 fois tous les 6 mois

Durée du retard :

La durée de votre enlèvement

Crédibilité :

…

Prérequis :

Vous êtes l'Élu.

Pourquoi trouver une excuse lorsque personne n'est là pour vérifier...

Effectivement, nous avons cherché à vous donner des excuses pour vous éviter d'aller travailler.

Mais il existe une autre solution et non des moindres. Prenons le problème à l'envers : l'excuse sert à justifier votre absence auprès de votre supérieur. Il suffit donc de faire en sorte que votre supérieur ne soit pas là pour ne rien avoir à justifier !

Comment faire ? Organisez un rendez-vous pour votre supérieur au moment opportun, ou encore inspirez-vous de certaines excuses évoquées précédemment : pneu crevé, serrure forcée... pour le rendre absent en même temps que vous.

Fréquence :

À chaque absence de M. Seilliasses

Durée du retard :

Comme M. Seilliasses

Crédibilité :

***

Prérequis :

L'audace, encore l'audace, toujours l'audace...

Et pensez à démontrer RÉGULIÈREMENT à votre patron que vous êtes indispensable en vous absentant une journée !

Remerciements

Nos parents, Le Xav', B. Bardot, Dro, Mélissa, Sylvain, Mickael, Ph. Vandel, Big Vincent, Marjorie, nos ex-employeurs, par avance nos futurs employeurs, Nadine, le Medef, César, le Snack Michel, Vlad', la CUS, M. Aubry, Prof. Marescaux Jr., et tous nos amis qui ne nous ont pas soutenus, et ceux qui nous ont soutenus.

Et un remerciement particulier à Georges Clooney.

Table des matières

Imprimé en Italie
par « La Tipografica Varese S.p.A. » Varese
ISBN : 2501-04748-6
Dépôt légal : 74143 - Mai 2006
40.9691.3/02